HOUSTON PUBLIC LIBRARY

W9-CGQ-517

¿Para qué sirve un ARTÍCULO?

Texto de JUANA INÉS DEHESA

Ilustraciones de BEF

editorialserpentina

COLECCIÓN

CAJA DE HERRAMIENTAS

© JUANA INÉS DEHESA
© BERNARDO FERNÁNDEZ por las ilustraciones

Primera edición Editorial Serpentina, 2008

Concept based on the series *Words Are CATegorical,* authored by Brian P. Cleary
and published by Lerner Publishing Group, Minneapolis, Minnesota, U.S.A.
Concepto de la colección basado en la serie *Words Are CATegorical*, del autor Brian P. Cleary,
publicada por Lerner Publishing Group, Minneapolis, Minnesota, U.S.A.

D.R. © Editorial Serpentina, S.A. de C.V.,
    Santa Margarita 430, colonia Del Valle,
    03100 México, D.F. Tel/Fax (55) 5559 8338/8267
    www.serpentina.com.mx
    www.editorialserpentina.com

ISBN: 978-968-5950-48-0

PROHIBIDA SU REPRODUCCIÓN POR CUALQUIER MEDIO MECÁNICO O ELECTRÓNICO SIN LA
AUTORIZACIÓN ESCRITA DE LOS EDITORES

IMPRESO Y HECHO EN MÉXICO
PRINTED IN MEXICO

Si tomas **la** leche y escurres **la** nata,

si encuentras **un** piojo y **una** garrapata,

si odias **los** cocos, **lo** húmedo, **el** Sol,

artículos usas, pero **al** por mayor.

Diré que **el** artículo va a presentar

a aquel sustantivo que lo seguirá:

"**la** vaca contenta", "**un** gato pelón",

"**lo** más divertido", "**los** pies **del** dragón".

Aunque son poquitos, ponte a imaginar

en **un** solo día cuántos has de usar;

desde muy temprano vas a mencionar:

un, **una**, **unos**, **unas**; **el**, **lo**, **la**, **los**, **las**.

Algunos artículos van a acompañar

cosas muy precisas, y a determinar

que si **el** burro cuenta **del** uno hasta **el** cinco

no es uno de tantos, sino es **el del** circo.

A cambio de éstos otros son muy vagos,

poco definidos, misteriosos, raros;

porque si **un** fantasma espanta en tu casa

puede ser cualquiera, ¡hasta **el** de Tomasa!

Pero justamente por ese talante

los usamos todos, sabios o ignorantes.

Éstos dicen "¡guácala!, **un** bicho panzón"

y aquéllos contestan "sólo es **un** ratón".

Cuando es **una** sola, y es femenina,

se dice "**una** ola", "**la** juez" o "**la** India",

mas **la** regla cambia si sigue **una** "a":

es mejor "**un** ala", "**el** azúcar"... ¿qué más?

Pero ¿hay más de una?, entonces procede

que sea "**unas** trancas", "**las** risas", "**las** reses".

"Aunque no parezca, **las** brujas son bobas:

llegan a **las** fiestas con todo y escobas."

Con **los** masculinos vas a utilizar

"**el** tren" si se trata de uno, no de **un** par;

(y fíjate bien: si vas a juntar

de y **el**, queda **del**; a y **el**, será **al**).

Mas si fueran muchos, "**unos**", digo, y "**los**":

"**unos** amarillos", "**los** seris", "**los** Doors",

"**los** niños que saben gramática son

los más venturosos de todo **el** vagón".

Hay uno solito sin género: es neutro;

se trata de "**lo**", que vive en **el** centro.

Junto a **un** adjetivo se suele encontrar:

"**lo** verde", "**lo** horrible", "**lo** ultraterrenal".

Tal vez no te creas que ya los conoces,

pero piensa **un** poco y, raudo, responde:

¿qué artículos sirven cuando escribo "paz",

o "mapa", "consejo", "tostado", "lealtad"?

¿Estuvo muy fácil?, ¡pues ponte a aplaudir!,

y dime si sabes con qué va "Amadís",

"tropiezo", "amargo", "col", "blanca" y "anís";

si sabes su artículo, ¡siéntete feliz!

Aquí ya concluye mi disertación,

si acaso sin habla te deja, ¡valor!,

sólo piensa bien qué artículo usar,

y sin arredrarte comienza a rimar.

¿para qué sirve un **ARTÍCULO?**

SE TERMINÓ DE IMPRIMIR EN

EL MES DE AGOSTO DE 2008 EN

EDITORIAL IMPRESORA APOLO,

S.A. DE C.V., CON DOMICILIO

EN LA CALLE DE CENTENO 162,

COLONIA GRANJAS ESMERALDA,

EN LA CIUDAD DE MÉXICO.